DANIEL SIQUEIRA
(Organizador)

Novena ao Anjo da Guarda

EDITORA
SANTUÁRIO

DIREÇÃO EDITORIAL:
Pe. Fábio Evaristo R. Silva, C.Ss.R.

REVISÃO:
Cristina Nunes

COORDENAÇÃO EDITORIAL:
Ana Lúcia de Castro Leite

DIAGRAMAÇÃO E CAPA:
Bruno Olivoto

COPIDESQUE:
Luana Galvão

Textos bíblicos extraídos da *Bíblia de Aparecida*, Editora Santuário, 2006.

ISBN 978-85-369-0477-1

3ª impressão

Todos os direitos reservados à **EDITORA SANTUÁRIO** — 2025

Rua Pe. Claro Monteiro, 342 – 12570-045 – Aparecida-SP
Tel.: 12 3104-2000 – Televendas: 0800 - 0 16 00 04
www.editorasantuario.com.br
vendas@editorasantuario.com.br

Os Anjos da tradição cristã

*D*entro da tradição Cristã, os anjos são considerados seres puramente espirituais, que estão a serviço de Deus. As Sagradas Escrituras, em diversas passagens, fazem referência aos anjos agindo como mensageiros de Deus, mostrando-se presentes na história da salvação. Tradicionalmente, são conhecidos apenas os nomes de três arcanjos: Miguel (*quem como Deus*), Gabriel (*proteção de Deus*) e Rafael (*cura de Deus*). Esses nomes se encontram descritos nos textos bíblicos, mas a legião de Anjos é infinita como a própria Bíblia relata.

Sobre os Anjos, o Catecismo da Igreja Católica, no número 330, diz o seguinte: "Enquanto criaturas puramente espirituais, são dotadas de inteligência e vontade: são criaturas pessoais e imortais. Excedem em perfeição todas as criaturas visíveis. O esplendor da sua glória assim o atesta".

Os teólogos dos primeiros séculos do cristianismo classificavam os anjos em diversas categorias e hierarquias, que variavam segundo a organização de cada sistema e classificação. Entre eles se destacam Clemente de Alexandria, Santo Ambrósio, São Jerônimo, Gregório Magno entre outros.

Segundo a tradição, entre as categorias angelicais, existe a dos Anjos da Guarda, derivada da crença de que cada ser humano, desde o nascimento até a sua morte, possui um anjo que o acompanha e o protege em todos os momentos da sua vida. Essa ideia encontra sua fundamentação na passagem do Antigo Testamento, mais precisamente no Livro de Êxodo, no capítulo 23, quando Deus promete a Moisés que enviará um anjo à sua frente para acompanhá-lo e guiá-lo durante todo o seu trajeto até a terra prometida.

Esses seres celestiais, que não podemos ver, mas cuja existência podemos sentir constantemente, estão junto de nós, guiando-nos pelos caminhos da vida; são nossos amigos, trazem a até nós a presença constante e amorosa de Deus.

A celebração em honra dos anjos surgiu no Ocidente, possivelmente na Espanha por volta do século V. Espalhou-se rapidamente por toda a Europa, tendo sua data fixada no dia 29 de setembro, lembrando principalmente o Arcanjo Miguel. Uma celebração especialmente dedicada aos Santos Anjos da Guarda foi oficializada somente no século XVII, sendo fixada como data o dia 2 de outubro. Vamos rezar aos Anjos da Guarda pedindo sua constante proteção e seu auxílio, e que sejamos em todos os momentos de nossa vida por eles acompanhados.

Oração inicial

Em nome do Pai, do Filho e do Espírito Santo. Amém.
Pai do céu, criador de todas as coisas visíveis e invisíveis, nesta hora quero me colocar em vossa presença, rezando especialmente para pedir a proteção dos vossos anjos sobre toda a minha vida e a de minha família. Quero pedir a vossa graça para que, em todos os momentos, possa eu ser protegido e guiado pelos vossos anjos: que eles conduzam meus passos e sejam meu socorro diante dos perigos e das ciladas do mal.

Santo Anjo do Senhor, a vós que Deus destes a missão de ser meu guardião, guia e protetor, nunca permitais que eu me afaste de vós. Em todas as horas, imploro-vos que fiqueis sempre perto de mim, pois sem vossa presença posso perecer. Sejais sempre minha companhia, mostrando assim quanto amor Deus tem por mim. Amém.

Oração final

Ó Pai Criador, tal como os Anjos, que, constantemente, estão na vossa presença servindo-vos e cantando hinos de louvores para vós, assim quero também eu dirigir-me a vós rezando:

Pai-nosso, que estais nos céus...
Glória ao Pai...

Santo Anjo do Senhor, meu zeloso guardador, já que a ti me confiou a Piedade divina, sempre me rege, guarda, governa e ilumina! Amém.

Que pela intercessão do santo Anjo da Guarda, venha sobre mim e minha família a bênção do Deus todo-poderoso, mas cheio de amor e misericórdia. Em nome do Pai, do Filho e do Espírito Santo. Amém.

1º Dia
ANJO DA GUARDA, SINAL DO AMOR DE DEUS

1. Oração inicial *(p. 6)*

2. Palavra de Deus *(Sl 103,17-22)*

A bondade do Senhor é desde sempre e para sempre para os que o temem; e sua justiça, para os filhos de seus filhos, para os que guardam sua aliança e se lembram de seus preceitos e os guardam. O Senhor estabeleceu seu trono nos céus e seu reino domina acima de tudo. Bendizei o Senhor, vós, seus anjos, valorosos em poder, que executais suas ordens, obedecendo à sua palavra! Bendizei o Senhor, vós, todos os seus exércitos, que o servis e executais suas vontades! Bendizei o Senhor, vós, todas as suas obras, em todos os lugares de seu domínio! Minha alma, bendize o Senhor!
– Palavra do Senhor!

3. Refletindo a Palavra

Toda a obra da criação é expressão do infinito amor de Deus. Na obra criadora, o homem e a mulher ocupam um lugar muito importante, pois foram criados à imagem e semelhança do próprio Deus. O Pai criador tem uma predileção especial para com o ser humano, porque nele soprou sua própria vida. E, para que o ser humano pudesse, a todo momento, estar na sua presença, Deus deu a cada homem e a cada mulher um anjo para lhe servir de companhia, de proteção e de guia em sua vida. Dessa maneira, o Anjo da Guarda, que cada pessoa possui, é o sinal da presença e do infinito amor de Deus para com cada um de seus filhos e suas filhas. Enquanto estivermos na presença de nosso Anjo da Guarda, também estaremos na presença amorosa de Deus.

4. Súplica ao Anjo da Guarda

Santo Anjo do Senhor, vós sempre estais na presença amorosa de Deus, que vos designastes para estar junto de mim sendo meu protetor, defensor e guia. Ajudai-me, pois, a reconhecer em todos os momentos da minha vida este infinito amor de Deus por mim, a ser capaz de amar as pessoas à minha volta com o mesmo amor com que Deus me ama. Amém.

5. Oração final *(p. 7)*

2º Dia
ANJO DA GUARDA, NOSSA PROTEÇÃO

1. Oração inicial *(p. 6)*

2. Palavra de Deus *(Êx 23,20-24)*

Disse o Senhor a Moisés: "Vou enviar um anjo à tua frente, para te proteger na viagem e te conduzir ao lugar que te preparei. Respeita sua presença e segue sua voz; não lhe sejas rebelde, porque não perdoará vossas más obras, pois Nele está meu nome. Pelo contrário, se ouvires atentamente sua voz e fizeres tudo o que eu te disser, serei inimigo de teus inimigos e adversário de teus adversários. Porque meu anjo irá à tua frente e te conduzirá até os amorreus, os heteus, os ferezeus, os cananeus, os heveus e os jebuseus, que eu exterminarei. Não te prostrarás diante de seus deuses nem os servirás, nem imitarás suas ações, mas destruirás seus deuses e quebrarás suas colunas sagradas".

– Palavra do Senhor!

3. Refletindo a Palavra

Nessa passagem do livro do Êxodo temos a promessa de Deus feita a Moisés, na qual Ele diz que, durante a jornada do povo a caminho da terra prometida, enviará um anjo para guiar e proteger Moisés e seu povo. Essa presença do anjo junto de Moisés significa a presença do próprio Deus caminhando com seu povo escolhido. Os anjos são a presença constante de Deus junto de nós, seus filhos. Assim devemos sempre pedir a presença do nosso Anjo da Guarda junto de nós, procurando ser sempre sensíveis à sua vontade e a seus desígnios.

4. Súplica ao Anjo da Guarda

Santo Anjo do Senhor, vós fostes enviado por Deus para ser meu guardião e auxílio. Agradeço vossa presença ao meu lado. Que eu possa a cada dia estar diante de vós, deixando-me guiar pela vossa divina proteção. Amém.

5. Oração final *(p. 7)*

3º Dia
ANJO DA GUARDA, NOSSO DEFENSOR

1. Oração inicial *(p. 6)*

2. Palavra de Deus *(1Pd 5,8-10)*

Sede sóbrios, ficai vigilantes. Vosso adversário, o diabo, fica rodeando como um leão a rugir, procurando a quem devorar. Resisti-lhe, fortes na fé, sabendo que a comunidade dos irmãos, espalhada pelo mundo, está enfrentando esse mesmo tipo de sofrimento. Depois de terdes sofrido um pouco, o Deus de toda graça, que vos chamou à sua glória eterna, em Cristo, Ele próprio vos tornará perfeitos, firmes, fortes e inabaláveis.
– Palavra do Senhor!

3. Refletindo a Palavra

Durante nossa vida, somos ameaçados por muitos perigos, que surgem em variadas situações e por diversos motivos. Outra ameaça que nos ronda a todo momento é a maldade, que está presente no mundo e, por vezes, acaba tentando nos dominar e, assim, afastar-nos de Deus. Por isso é sempre necessário pedir a proteção divina em nossa caminhada diária. Diante dessas ameaças, devemos estar sempre vigilantes e atentos, suplicando a todo momento a presença e proteção de nosso Anjo da Guarda para que ele nos defenda dos perigos e de todo o mal.

4. Súplica ao Anjo da Guarda

Santo Anjo do Senhor, diante dos perigos e da maldade presentes no mundo, que constantemente nos rondam e ameaçam a nossa vida, suplico-vos a vossa proteção, o vosso amparo e a vossa defesa. Que sempre possais vir em meu auxílio e caminhar à minha frente. Permanecei ao meu lado, dando-me força para que eu me mantenha firme em minha caminhada e em meu propósito de ser sinal da paz de Deus. Amém.

5. Oração final *(p. 7)*

4º Dia
ANJO DA GUARDA, CONSOLADOR NAS AFLIÇÕES

1. Oração inicial *(p. 6)*

2. Palavra de Deus *(Lc 22,39-45)*

Jesus saiu e, como de costume, foi para o monte das Oliveiras, e os discípulos o acompanharam. Chegando lá, Jesus lhes disse: "Rezai para não entrardes em tentação". Afastou-se deles à distância de um lance de pedra e, de joelhos, rezava: "Pai, se quereis, afastai de mim este cálice! Mas não aconteça como eu quero, mas como vós quereis!" Apareceu-lhe então um anjo do céu, que o confortava. Entrando em agonia, rezava com maior insistência, e seu suor tornou-se semelhante a espessas gotas de sangue que caíam por terra. Levantando-se da oração, foi ter com os discípulos e encontrou-os dormindo por causa da tristeza.
– Palavra da Salvação!

3. Refletindo a Palavra

Jesus, sentindo que se aproximava a sua hora, retirou-se para rezar e para pedir que o Pai lhe desse forças para enfrentar o momento de seu maior sacrifício. O mestre sentiu dentro de si uma grande agonia, um sofrimento infinito lhe tomou a alma. Nesse instante, um anjo de Deus veio ao seu encontro, para o consolar e para dar-lhe forças para encarar essa hora tão difícil. A presença do anjo é a presença do próprio Deus junto de seu filho amado. Em nossas vidas também, muitas vezes, experimentamos essa mesma sensação de desespero e abandono, que parece nos dilacerar a alma. Nesses momentos, devemos mais do que nunca pedir a presença do anjo da guarda junto de nós.

4. Súplica ao Anjo da Guarda

Santo Anjo do Senhor, hoje quero pedir a vossa presença consoladora principalmente nos momentos mais difíceis da minha vida, naqueles momentos em que eu me sinto profundamente atingindo pela dor e pelo sofrimento, que tantas vezes me fazem quase desistir. Quero pedir que nessas horas estejais junto de mim me consolando e me dando forças para resistir. Amém.

5. Oração final *(p. 7)*

5º Dia
ANJO DA GUARDA, MENSAGEIRO DE DEUS

1. Oração inicial *(p. 6)*

2. Palavra de Deus *(Lc 1,5-8.11-14.18-19)*

No tempo de Herodes, rei da Judeia, havia um sacerdote chamado Zacarias, pertencente à classe de Abias; sua mulher era uma descendente de Aarão e chamava-se Isabel. Ambos eram justos diante de Deus e seguiam fielmente todos os mandamentos e preceitos do Senhor. Mas não tinham filhos, porque Isabel era estéril, e os dois eram de idade avançada. Ora, quando Zacarias estava exercendo as funções sacerdotais diante de Deus, apareceu-lhe então um anjo do Senhor, de pé, à direita do altar do incenso. Ao vê-lo, Zacarias ficou assustado e cheio de medo. Mas o anjo lhe disse: "Não tenhas medo, Zacarias, porque tua oração foi atendida: Isabel, tua esposa, vai te dar um filho, a quem darás o nome de João. Ficarás feliz e radiante, e muitos se alegrarão quando ele nascer". Zacarias disse ao anjo: "Como terei certeza disto? Pois sou velho e minha mulher é de idade avançada". Respondeu-lhe o anjo: "Eu sou Gabriel. Estou sempre diante de Deus, e fui enviado para te falar e anunciar esta boa nova".

– Palavra da Salvação!

3. Refletindo a Palavra

Zacarias e Isabel eram já bastante idosos e não tinham filhos. Isso era para eles causa de grande tristeza, pois se sentiam preteridos por Deus. Mas os dois sempre acreditaram na bondade e misericórdia de Deus, que nunca abandona ninguém. Em uma ocasião, em que Zacarias estava no Templo exercendo seu ofício de sacerdote, o anjo lhe trouxe uma mensagem da parte de Deus, dizendo que as suas preces foram atendidas e que Isabel teria um filho. Os anjos também são mensageiros do Senhor e estão constantemente junto de nós para nos comunicar os desígnios do Pai para a nossa vida. É preciso estarmos sempre em atitude de oração e de escuta para podermos compreender qual é a vontade de Deus para a nossa vida.

4. Súplica ao Anjo da Guarda

Santo Anjo do Senhor, vós também sois o mensageiro da parte de Deus: fazei que eu alcance ter um coração dócil e aberto para compreender os desígnios do Senhor em minha vida. Ajudai-me a ter sempre disponibilidade para realizar a vontade de Deus em todos os dias da minha vida. Amém.

5. Oração final *(p. 7)*

6º Dia
ANJO DA GUARDA, NOSSO COMPANHEIRO

1. Oração inicial *(p. 6)*

2. Palavra de Deus *(Hb 1,13-14)*

E a qual dos anjos Deus jamais disse: "Senta-te à minha direita, até que eu ponha teus inimigos como estrado de teus pés"? Não são todos eles espíritos encarregados de um ministério, enviados a serviço dos que devem herdar a salvação?
– Palavra do Senhor!

3. Refletindo a Palavra

Deus manifestou seu amor pelo mundo enviando seu próprio filho para salvar a humanidade que havia se perdido. Jesus é a perfeita concretização do amor do Pai pela humanidade. Dando seu sangue e morrendo na cruz, Ele redime o homem e a mulher decaídos em meio aos seus pecados. Para quem busca caminhar segundo os desígnios de Deus e seguir a proposta de Jesus, os anjos são os melhores amigos e companheiros. Eles caminham sempre junto de nós, estão a todo momento ao nosso lado, protegendo-nos e nos livrando das ciladas do mal.

4. Súplica ao Anjo da Guarda

Santo Anjo do Senhor, hoje quero pedir especialmente para que estejais junto de mim. Em minha caminhada de cristão batizado, procuro a cada dia ser sinal da presença de Deus para as pessoas que estão à minha volta. Quero, pois, que sejais meu guia e defensor principalmente quando o mal de mim se aproximar ou quando por algum motivo sentir minha vida ameaçada. Amém.

5. Oração final *(p. 7)*

7º Dia
ANJO DA GUARDA, AUXÍLIO DOS PECADORES

1. Oração inicial *(p. 6)*

2. Palavra de Deus *(Lc 15,8-10)*

Disse Jesus: "Qual é a mulher que, tendo dez dracmas, se perder uma, não acende a lâmpada e varre a casa, procurando com cuidado até encontrá-la? E, encontrando-a, chama as amigas e as vizinhas e lhes diz: 'Alegrai-vos comigo, porque achei a dracma que eu tinha perdido'. Deste modo, eu vos digo, haverá alegria entre os anjos de Deus por um único pecador que se converte".
– Palavra da Salvação!

3. Refletindo a Palavra

Em sua pregação, Jesus disse que veio para salvar os pecadores (Mc 2,17). O mestre de Nazaré sempre acolheu com carinho aqueles que com coração sincero o procuravam. A todos eles Jesus dizia que o reino dos céus é para todos. São diversos os relatos nos Evangelhos de pecadores que encontravam em Jesus consolo e salvação. A conversão deve ser uma busca constante na vida de todo o cristão, porque somos fracos e, por vezes, afastamo-nos da presença amorosa de Deus. Devemos pedir ao nosso Anjo protetor a graça de nos guiar e de agir em nosso favor, nesses nossos momentos de fraqueza e de queda. Que o nosso Anjo protetor possa sempre nos ajudar a voltar à presença amorosa de Deus.

4. Súplica ao Anjo da Guarda

Santo Anjo do Senhor, quero me dirigir a vós neste instante para pedir a vossa proteção e a vossa ajuda, principalmente naqueles momentos em que, por fraqueza, eu acabo me afastando da presença de Deus e caindo no pecado. Quero que, nestas horas de trevas e escuridão, estejais junto de mim, dando-me força e iluminando meu caminho, para que eu consiga com vossa ajuda voltar à presença de Deus, que tanto me ama. Amém.

5. Oração final *(p. 7)*

8º Dia
ANJO DA GUARDA, MENSAGEIRO DA SALVAÇÃO

1. Oração inicial *(p. 6)*

2. Palavra de Deus *(Mt 1,18-25)*

Assim aconteceu o nascimento de Jesus: Maria, sua mãe, era noiva de José e, antes de viverem juntos, ela ficou grávida por obra do Espírito Santo. José, seu noivo, sendo uma pessoa de bem, não quis que ela ficasse com o nome manchado e resolveu abandoná-la sem ninguém o saber. Enquanto planejava isso, teve um sonho em que lhe apareceu um anjo do Senhor para dizer-lhe: "José, filho de Davi, não tenhas medo de receber Maria como esposa, porque a criança que ela tem em seu seio vem do Espírito Santo. Ela terá um filho, e tu lhe darás o nome de Jesus, pois Ele salvará seu povo de seus pecados". Tudo isso aconteceu para se cumprir o que o Senhor tinha dito pelo profeta com estas palavras: "A virgem conceberá e dará à luz um filho, a quem chamarão Emanuel, nome que significa 'Deus conosco'". Quando acordou, José fez o que o anjo do Senhor havia mandado. Levou sua esposa para casa e, sem que a ela se unisse, ela teve um filho. E José lhe deu o nome de Jesus.

– Palavra da Salvação!

3. Refletindo a Palavra

José, ao saber que Maria estava grávida e não entendendo como aquilo aconteceu, pensou em abandoná-la. Mas em sonho Deus lhe enviou um anjo para esclarecer a situação, pedindo-lhe que recebesse Maria como esposa. Nessa passagem vemos a ação do anjo como cooperador no projeto de salvação de Deus e também como mediador. Aos anjos, que nos acompanham em nossa vida, cabe também a missão de nos ajudar a sermos cooperadores e agentes da salvação e do Reino de Deus, trazido ao mundo por Jesus, assim como foi São José.

4. Súplica ao Anjo da Guarda

Santo Anjo do Senhor, vós que fostes enviado por Deus a José para dizer-lhe que não precisava ter medo de receber Maria por esposa, pois tudo o que havia acontecido com ela era obra de Deus, ajudai-me também a compreender os desígnios de Deus em minha vida e a ser, a cada dia, um cooperador e um agente ativo na construção do Reino de Deus. Amém.

5. Oração final *(p. 7)*

9º Dia
ANJO DA GUARDA, MENSAGEIRO DA PAZ

1. Oração inicial *(p. 6)*

2. Palavra de Deus *(Lc 2,6-14)*

Completaram-se os dias da gestação, e Maria deu à luz seu filho primogênito; envolveu-o em faixas e o deitou num presépio, porque não havia lugar para eles na hospedaria. Havia na mesma região pastores que estavam nos campos e guardavam seu rebanho no decorrer da noite. Apresentou-se junto deles um anjo do Senhor, e a glória do Senhor os envolveu de luz; ficaram com muito medo, mas o anjo lhes disse: "Não tenhais medo, pois vos anuncio uma grande alegria, que será para todo o povo: Hoje, na cidade de Davi, nasceu para vós um Salvador, que é o Cristo Senhor. Isto vos servirá de sinal: encontrareis um menino envolto em faixas e deitado num presépio". No mesmo instante, juntou-se ao anjo grande multidão do exército celeste, louvando a Deus e dizendo: "Glória a Deus nas alturas e paz na terra aos homens por Ele amados".

– Palavra da Salvação!

3. Refletindo a Palavra

Jesus é a concretização da salvação prometida por Deus a seu povo. O nascimento dele é o sinal de que a salvação entrou no mundo; verdadeiro motivo de festa e alegria, pois Ele é Deus conosco, o que visita o seu povo. Foi por isso que os anjos anunciaram com alegria o seu nascimento. O primeiro anúncio foi feito aos pastores que estavam nos arredores de Belém. Eles eram pessoas pobres e simples, trabalhavam pastoreando ovelhas, que, na maioria das vezes, nem lhes pertenciam. Foi a eles que os anjos se dirigiram para anunciar a boa notícia.

Essa passagem nos ensina que só consegue escutar e acolher a notícia trazida pelos anjos quem tem simplicidade, quem é humilde e puro de coração. Por intermédio de nosso Anjo da Guarda, devemos pedir a graça de sermos sempre humildes e puros de coração, pois somente assim vamos compreender e fazer a vontade de Deus em nossa vida.

4. Súplica ao Anjo da Guarda

Santo Anjo do Senhor, ajudai-me a sempre ter um coração simples e humilde, assim como tinham os pastores de Belém, para poder a acolher a boa-nova da salvação trazida por Jesus. Que eu tenha um coração sensível para reconhecer os sinais da presença de Deus à minha volta. Amém.

5. Oração final *(p. 7)*

Índice

Os Anjos da tradição cristã 3

Oração inicial 6

Oração final 7

1° dia: Anjo da Guarda, sinal do amor de Deus 8

2° dia: Anjo da Guarda, nossa proteção 11

3° dia: Anjo da Guarda, nosso defensor 13

4° dia: Anjo da Guarda, consolador nas aflições 15

5° dia: Anjo da Guarda, mensageiro de Deus 18

6° dia: Anjo da Guarda, nosso companheiro 21

7° dia: Anjo da Guarda, auxílio dos pecadores 23

8° dia: Anjo da Guarda, mensageiro da salvação 25

9° dia: Anjo da Guarda, mensageiro da paz...................... 28

Este livro foi composto com as famílias tipográficas Avenir, Bellevue e Calibri e impresso em papel Offset 75g/m² pela **Gráfica Santuário.**